삶을 걷는 당신에게

문장수집가
No.4 Last Words

# Contents

# 목차

*Prologue*

야속한 시간, 무엇 때문에 너는

쓸데 없는 두려움을 자아내는가?

너는 존재한다 ― 그러므로 사라질 것이다

너는 사라진다 ― 그러므로 아름답다

비스와바 쉼보르스카, 『끝과 시작』

유언장과 묘비 위에 남겨진 말들을 모았습니다.

죽음 직전과 이후를 맴돌던 언어는

살아가는 이들이 걸어가는 길 위에 이정표로 자리합니다.

이 책 안에는 종내 사라질 산책자를 안내하는

푯대의 문장들이 무작위로 세워졌습니다.

우연한 만남을 기대하며 끝과 시작,

존재와 사라짐의 경계가 지워진 길 위로 안내합니다.

*How To Use*

# 문장수집가 사용법

---

**1**

순서대로 읽지 마세요.
101가지의 문장은 정해진 순서 없이 나열되어 있습니다.
반복되지 않는 하루의 형태와도 같습니다.
삶을 걷는 길 위로 세워진 문장을 우연에 기대어 만나보세요.

---

**2**

진지해지지 마세요.
죽음에 관한 언어도 널리 가닿길 바라며
경쾌한 활자들로 써서 엮었습니다.
짧은 어구를 짤막한 호흡으로 끊어 읽어주세요.

---

**3**

혼자 읽지 마세요.
언젠가 끝을 나누게 될 이들과 함께 읽어보세요.
편지나 엽서 위로, 입에서 입으로 전해질 때
문장들이 새롭게 살아납니다.

---

**4**

작위적으로 생각하지 마세요.
계획 없이 여행하는 마음으로 묘지를 방문할 때,
슬픔에서 벗어난 여러 가지 정념을 깨달을 수 있습니다.

---

**5**

정해진 선을 따르지 마세요.
책의 마지막 부분에 마련된 필사 노트는
몇 개의 문장과 함께 공백으로 이루어져 있습니다.
두 번은 없는 끝을 자유롭게 연습해 보세요.

---

IN MEMORY
SYLVIA PLATH HUGHES
1932 – 1963
EVEN AMIDST FIERCE FLAMES
THE GOLDEN LOTUS CAN BE PLANTED

실비아 플라스의 묘비, 2017.
작가인 그를 기리기 위해 묘비 주위로 형형색색의 펜들이 꽂혀 있다

# Even amidst fierce flames the golden lotus can be planted.

Sylvia Plath
1932-1963

거센 불길 속에서도 금빛 연꽃은 심을 수 있으리.

실비아 플라스, 시인, 소설가, 1932-1963

# Free at last. Free at last. Thank god Almighty I'm free at last.

Dr. Martin Luther King, Jr.
1929-1968

마침내 자유, 마침내 자유. 하나님, 감사합니다. 저는 마침내 자유롭습니다.

마틴 루터 킹 주니어, 목사, 1929-1968

# "I have no doubt that she would be ready to *kill me* for my will... *run away!* We must *run away*."

Leo Tolstoy
1828-1910

나는 내 아내가 나를 죽이려는 것을 의심하지 않는다… 도망쳐! 우리는 도망쳐야 해.

레프 톨스토이, 소설가, 1828-1910

# WE LOVED THE EARTH

Loren Eiseley
1907-1977

# BUT COULD NOT STAY.

우리는 대지를 사랑했으나 머물 수 없었다.

로렌 아이슬리, 인류학자, 1907-1977

"Dearest Max,
my last request: Everything
I leave behind me... in the
way of diaries, manuscripts,
letters (my own and others'),
sketches, and so on, to be
burned unread."

Franz Kafka
1883-1924

친애하는 막스, 마지막 부탁이네.
내가 남기고 간 모든 것들… 일기, 원고, 편지, 스케치와 같은 것들,
내 것이든 남의 것이든 읽지 말고 태워주게나.

프란츠 카프카, 소설가, 1883-1924

노보데비치 수도원 2, 2019.

# "Bring me the ladder!"

Nikolai Gogol
1809-1852

사다리 가져와!

니콜라이 고골, 소설가, 1809-1852

*"I love you very much, my dear Beaver."*

Jean-Paul Sartre
1905-1980

사랑하는 나의 보부아르, 당신을 정말 너무나도 사랑하네.

장폴 사르트르, 철학자, 소설가, 1905-1980

Time held me green and dying,
Though I sang in my chains like
the sea.

Dylan Thomas
1914-1953

내가 그 바다와 같이 나의 흐름을 타고 노래했음에도,
시간은 나를 푸르른 채 죽어가게 했다.

딜런 토마스, 시인, 1914-1953

# Late                    fragment

And      did      you      get      what
you wanted from this life, even so?
I                          did.
And    what    did    you    want?
To call myself beloved, to feel myself
beloved on the earth.

Raymond Carver
1938-1988

뒤늦은 단상

그럼에도 불구하고
당신은 이 생에서 바라던 것을 얻었는가?
그렇다.
무엇을 바랐던가?
스스로 사랑받은 사람이라 칭하는 것,
이 세상에 태어나 내가 사랑받았다고 느끼는 것.

레이먼드 카버, 소설가, 1938-1988

Glen Gould
1932-1982

&lt;The Goldberg Variations&gt;의 첫 세 마디

글렌 굴드, 피아니스트, 1932-1982

The voice of the intellect is a soft one.

Sigmund Freud
1856-1939

지성의 목소리는 조용하다.

지그문트 프로이트, 철학자, 1856-1939

# 'I'M STILL I

나는 여전히 배우는 중이다.

Michelangelo Buonarroti
1475-1564

EARNING;,

미켈란젤로 부오나로티, 조각가, 1475-1564

"One never knows the ending. One has to die to know exactly what happens after death, although Catholics have their hopes."

Alfred Hitchcock
1899-1980

결말은 아무도 모른다. 가톨릭 신자들은 희망이 있지만
죽은 후에 무슨 일이 일어나는지 정확히 알기 위해서는 죽어야만 한다.

알프레드 히치콕, 영화감독, 1899-1980

"Since the
day of my
birth,
my
death
began
its walk. It is
walking
towards
me, without
hurrying."

Jean Cocteau
1889-1963

내가 태어난 날부터 죽음은 걷기 시작했다네. 서두르지 않고 날 향해 걸어오고 있어.

장 콕토, 작가, 영화감독, 1889-1963

# AMERICAN

미국 작가

# WRITER

William Burroughs
1914-1997

윌리엄 버로스, 소설가, 1914-1997

# O what reward,
# after a
# thought,
# Is
# a long
# look across
# the calm
# of the
# gods!

Paul Valery
1871-1945

신들의 정적에 머무는 오랜 시선은 사유 다음에 오는 보답이로다.

폴 발레리, 시인, 1871-1945

# I used to measure the skies, now I measure the shadows of Earth. Although my mind was sky-bound, the shadow of my body lies here.

Johannes Kepler
1571-1630

하늘을 재었던 나는 이제 어둠을 재는구나.
내 마음은 하늘에 묶여있고, 몸은 땅에 묶여 쉰다.

요하네스 케플러, 천문학자, 1571-1630

# My

# ears

# like a shell and thought waves of the sea.

Nie Er
1912-1935

나의 귀는 조개껍데기와 같이, 대해의 파도 소리를 그리워한다.

네얼, 작곡가, 1912-1935

"But now I have no strength left– that is the problem"

Andrei Tarkovsky
1932-1986

그런데 이제 남은 힘이 없어. 그게 문제야.

안드레이 타르코프스키, 영화감독, 1932-1986

# So we beat on, boats against the current, borne back ceaselessly into the past.

F. Scott Fitzgerald
1896-1940

그러므로 우리는 물결을 거스르는 배처럼,
쉴 새 없이 과거 속으로 밀려나면서도 끝내 앞으로 나아가는 것이다.

스콧 피츠제럴드, 소설가, 1896-1940

That's all Folks!

Mel Blanc
1908-1989

오늘은 여기까지!

멜 블랭크, 성우, 1908-1989

# Against you
## I will fling myself,
## unvanquished and
## unyielding o Death!

Virginia Woolf
1882-1941

너에게 대항해 굽히지 않고 단호히 나 자신을 내던지리라, 죽음이여!

버지니아 울프, 소설가, 1882-1941

# "I haven't had champagne for a long

time."

Anton Chekhov
1860-1904

샴페인을 마신 지가 오래되었네.

안톤 체호프, 소설가, 1860-1904

# WORKERS ALL LANDS, UNITE!

# THE PHILOSOPHERS ONLY INTERPRETED THE WORLD IN VARIOUS WAYS; THE POINT HOWEVER IS TO CHANGE IT.
## \<THE 11TH THESIS ON FOYERBACH\>

Karl Heinrich Marx
1818-1883

만국의 노동자여, 단결하라!
철학자들은 그동안 세계를 다양하게 해석해왔다.
중요한 것은 세계를 변화시키는 것이다.
\<포이어바흐에 관한 테제\> 중 열한 번째 테제

칼 마르크스, 정치인, 1818-1883

# According to to his own daimon.

Jim Morrison
1943-1971

그의 충실한 정신에 따라.

짐 모리슨, 가수, 1943-1971

# Life is a jest, and all things shew it; I thought so once, but now I know it.

John Gay
1685-1732

인생은 농담. 만사가 그걸 나타내지.
일찍이 그렇게 생각했지만 지금에서야 그것을 깨우치게 되었다네.

존 게이, 시인, 1685-1732

NEAR
THIS SPOT
ARE DEPOSITED
THE REMAINS OF ONE
WHO POSSESSED
BEAUTY WITHOUT VANITY,
STRENGTH WITHOUT INSOLENCE,
COURAGE WITHOUT FEROCITY,
AND ALL THE VIRTUES OF
MAN WITHOUT HIS VICES.
THIS PRAISE, WHICH WOULD
BE UNMEANING FLATTERY
IF INSCRIBED OVER HUMAN ASHES,
IS BUT A JUST TRIBUTE TO THE MEMORY OF
BOATSWAIN, A DOG,
WHO WAS BORN IN
NEWFOUNDLAND MAY 1803
AND DIED AT NEWSTEAD NOV. 18TH, 1808.

Boatswain
1803-1808

여기 근처에 어떤 이의 유해가 묻혀있다.
허영심 없는 아름다움을 지녔고, 오만함 없는 강인함을 지녔으며,
잔인함 없는 용기를 지녔고, 악덕 없이 인간의 모든 미덕을 지녔다.
이런 칭찬은 부질없는 아첨일지 모른다. 만약 인간의 잿더미에 새겨졌다면 말이다.
하지만 이건 BOATSWAIN라는 개의 추억에 대한 찬사일 뿐이다.
1803년 5월 Newfoundland에서 태어나
1808년 11월 18일에 Newstead에 죽었던.

보슨, 시인 조지 고든 바이런의 개, 1803-1808

# The passive Master lent his hand

# To the vast soul that o'er him planned.

Ralph Waldo Emerson
1803-1882

속죄의 신께서는 그가 창조하신 수많은 영혼들에게 손을 내밀었디.

랄프 왈도 에머슨, 시인, 1803-1882

"

# Do not destroy the greenery.

"

George Sand
1804-1876

녹지를 파괴하지 말길.

조르주 상드, 소설가, 1804-1876

# "There was only one man who ever understood me, and even he didn't understand me."

Georg Wilhelm Friedrich Hegel
1770-1831

날 이해한 사람은 단 한 명뿐이었는데, 그조차 나를 완전히 이해하지 못했다네.

게오르크 빌헬름 프리드리히 헤겔, 철학자, 1770-1831

# MORE LIGHT.

Johann Wolfgang von Goethe
1749-1832

**더 많은 빛을.**

요한 볼프강 폰 괴테, 작가, 1749-1832

# You try, O sun, in vain, To shine through the dreary clouds! All the profit of my life is to mourn her loss

Christianens von Goethe
1765-1816

헛되도다,
스산한 구름 사이에서
빛나기 위해 노력하는 태양이여!
내 생애 좇을 것은
그의 상실에 슬퍼하는 것뿐이다.

크리스티아네 폰 괴테, 괴테의 아내, 1765-1816

# CALLED BACK.

Emily Dickinson
1830-1886

돌아오라는 부름을 받았다.

에밀리 디킨슨, 시인, 1830-1886

# I have coveted everything and taken pleasure in nothing.

Guy de Maupassant
1850-1893

나는 모든 것을 탐냈고 아무것도 즐기지 않았다.

기 드 모파상, 소설가, 1850-1893

# Cor
# Cordium

Percy Bysshe Shelly
1792-1822

**마음 중의 마음**

퍼시 비시 셸리, 시인, 1792-1822

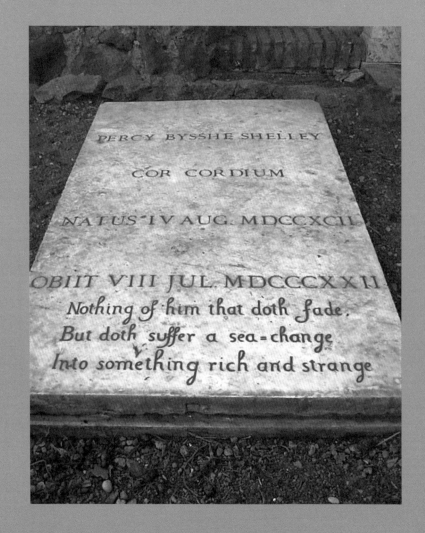

퍼시 비시 셸리의 묘비, 2013.
라틴어로 된 단어 밑으로 필기체의 문장이 하나 더 새겨져 있다. "당신의
육신은 사라지지 않고 귀중하고 신비한 것으로 완전히 변했네."
셰익스피어, 《템페스트》 제1막 2장, 에리얼의 노래 중에서.

"I
don't
know
what I may
seem to the
world. But as to
myself I seem to have
been only like a boy
playing on the seashore
and diverting myself now
and then in finding a smoother
pebble or a prettier shell than
the ordinary, whilst the great ocean
of truth lay all undiscovered before me."

Isaac Newton
1643-1727

나는 내가 세상에 어떻게 보일지 모른다. 그러나 나 자신에 관해서 말하자면,
내 앞에 거대한 진실의 바다가 놓여 있는 동안 나는 해변에서 노는 아이와 같았고,
평범한 것보다 더 매끄러운 조약돌이나 더 예쁜 조개껍질을 찾기 위해 이따금 마음을 돌렸다.

아이작 뉴턴, 물리학자, 1643-1727

I adored you,
and you
returned my love
a hundredfold.
Life,
I thank you!

Michel Tournier
1924-2016

내 그대를 찬양했더니 그대는 그보다 백 배나 많은 것을 내게 갚아주었다. 고맙다, 인생이여.

미셸 투르니에, 소설가, 1924-2016

# "Lord, help my poor soul."

Edgar Allan Poe
1809-1849

주여, 내 불쌍한 영혼을 도와주소서.

에드가 앨런 포, 소설가, 1809-1849

Yasujir Ozu
1903-1963

**없음**

오스 야스지로, 영화감독, 1903-1963

# DON'T

애쓰지 마라.

# TRY.

Charles Bukowski
1920-1994

찰스 부코스키, 시인, 1920-1994

# "If you will send for a doctor, I will see him now."

Emily Brontë
1818-1848

언니가 의사를 보내준다면 나는 당장 그를 만나겠어.

에밀리 브론테, 소설가, 1818-1848

# "Take courage, Charlotte, take courage!"

Anne Brontë
1820-1849

용기를 가져야 해, 언니, 용기를 가져!

앤 브론테, 소설가, 1820-1849

# "Oh, I am not going to die, am I? He will not separate us. We have been so happy."

Charlotte Brontë
1816-1855

오, 나는 죽지 않을 거야, 그렇지? 그는 우리를 갈라놓지 않을 거야. 우린 너무나 행복했어.

샬롯 브론테, 소설가, 1816-1855

THE
BRONTË FAMILY
VAULT
IS SITUATED BELOW
THIS PILLAR,
NEAR TO THE PLACE WHERE
THE BRONTË'S PEW STOOD
IN THE OLD CHURCH.
THE FOLLOWING MEMBERS
OF THE FAMILY
WERE BURIED HERE
MARIA AND PATRICK.
MARIA, ELIZABETH,
BRANWELL,
EMILY JANE, CHARLOTTE.

브론테 자매의 묘소, 2007.
브론테 자매의 아버지가 목사로 일한
'성 미카엘과 모든 천사 교회' 뒤뜰에
브론테 가족이 잠들어 있다.
교회 기둥에는 이 문장이 새겨져 있다.
"브론테 가족이 이 기둥 아래 잠들다."

Verily, verily, I say unto
you, Except a corn of
wheat fall into the ground
and die, it abideth alone:
but if it die, it bringeth
forth much fruit.
(John 12:24)

Fyodor Dostoevsky
1821-1881

내가 진실로 진실로 너희에게 이르노니
한 알의 밀이 땅에 떨어져 죽지 아니하면
한 알은 그대로 남고 죽으면 많은 열매를 맺으리라.
(요한복음 12:24)

표도르 도스토옙스키, 소설가, 1821-1881

# THE BEST IS YET TO COME.

Frank Sinatra
1915-1998

최선은 아직 오지 않았다.

프랭크 시나트라, 가수, 1915-1998

IT IS VERY LIT'
HAVE GAINED, TI
STRUGGLE VANIS
I CAN REST IN HA
ENDLESSLY TA

잠시 때가 지나면 그때 나는 승리하고 있으리라.
그때 모든 싸움은 그치고 장미꽃 속에서 나는 안식하게 되리라.
그리고 언제까지나 나의 예수와 이야기하리라.

E TIME THAT I

N IS THE WHOLE

ED AT ONCE, AND

LS OF ROSES AND

TO MY JESUS.

Søren Aabye Kierkegaard
1813-1855

쇠렌 키르케고르, 철학자, 1813-1855

# "OH MY GOD, WHAT'S HAPPENED?"

Diana Frances Spencer
1961-1997

세상에, 무슨 일이야?

다이애나 스펜서, 왕세자비, 1961-1997

# "AND ALIEN TEARS WILL FILL FOR HIM. PITY'S LONG-BROKEN URN, FOR HIS MOURNERS WILL BE OUTCAST MEN, AND OUTCASTS ALWAYS MOURN."

Oscar Wilde
1854-1900

그리고 이방인들이 그를 위해 눈물 흘리리, 깨어진 지 오래된 연민의 항아리, 그의 죽음을 슬퍼하는 이들은 추방자일 터이고 추방자들은 언제나 슬퍼하리니.

오스카 와일드, 소설가, 1854-1900

# PRAY FOR HIM.

Arthur Rimbaud
1854-1891

그를 위해 기도하라.

아르튀르 랭보, 시인, 1854-1891

Alfred Schnittke
1934-1998

오래, 아주 강하게, 쉰다.

알프레드 슈니트케, 작곡가, 1934-1998

# "Jakie, is it my birthday or am I dying?"

Nancy astor
1879-1964

아들아, 오늘이 내 생일이니? 아니면 내가 죽어가는 중인거니?

낸시 애스터, 정치인, 1879-1964

# I had a lover's quarrel with the world.

Robert frost
1874-1963

세상과 사랑싸움을 하다 가노라.

로버트 프로스트, 시인, 1874-1963

*"Does nobody*

# *understand?"*

James Joyce
1904-1972

아무도 이해하지 못했다고?

# I will Not Be Right Back, After This Message.

Merv Griffin
1925-2007

이 메시지가 끝나도, 나는 바로 돌아오지 않을 거예요.

머브 그리핀, 배우, 1925-2007

# Cast a cold eye on life, on death. Horseman, pass by!

William Butler Yeats
1865-1939

삶과 죽음에 차가운 눈길을 던져라, 마부여, 지나가라!

윌리엄 버틀러 예이츠, 시인, 1865-1939

I am ready to meet my maker. Whether my maker is prepared for the great ordeal of meeting me is another matter.

Winston Churchill
1874-1965

나는 나의 창조주를 만날 준비가 되었다.
나의 창조주가 나를 만나는 큰 시련에 준비가 되었는지는 또다른 문제다.

윈스턴 처칠, 정치인, 1874-1965

# Shall I be Gone Long?

Cecil Day-Lewis
1904-1972

오래 떠나 있어야 하나요?

세실 데이 루이스, 시인, 1904-1972

TO BE GREAT, BE WHOLE:
Exclude nothing,
exaggerate nothing that
is not you. Be whole in
everything. Put all you are
Into the smallest thing
you do. So, in each lake, the
moon shines with splendor
Because it blooms up above.

Fernando Pessoa
1888-1935

위대해지려면, 온전해져라. 자신이 아닌 것으로 채우지 말고 부풀리지 말라.
가장 작다고 생각한 것에 너를 쏟아부어라.
그러면, 그 호수에서, 위로 피어오르는 달로부터 눈부신 빛이 나기 시작할 것이다.

페르난두 페소아, 시인, 1888-1935

PARA SER GRANDE, sê inteiro: nada
Teu exagera ou exclui.
Sê todo em cada coisa. Põe quanto és
No mínimo que fazes.
Assim em cada lago a lua toda
Brilha, porque alta vive.

14.2.1933          Ricardo Reis

FERNANDO
PESSOA

1888-1935

13 JUNHO 1985

페르난두 페소아의 묘비, 2018.
페소아가 창조한 이명(異名) 작가들 중
한 명인, 히카르두 레이스의 문장이
새겨져 있다. 페소아는 그가 종무한 순수성을
지니고 추상적인 상념을 즐긴다고 언급했다.

$$S = k \log W$$

Ludwig Boltzmann
1844-1906

**입자 시스템의 엔트로피에 대한 방정식**

루트비히 볼츠만, 물리학자, 1844-1906

# "Mo zart! Morzart!"

Gustav Mahler
1860-1911

†

.

모차르트, 모치르드!

구스타브 말러, 작곡가, 1860-1911

"The taste of death is upon my lips... I feel something, that is not of this earth."

Wolfgang Amadeus Mozart
1756-1791

죽음의 맛이 내 입술 위에 닿았다. 이 세상 것이 아닌 것 같네.

볼프강 아마데우스 모차르트, 작곡가, 1756-1791

# "Moose... Indian!"

Henry David Thoreau
1817-1862

무스… 인디언!

헨리 데이비드 소로, 시인, 1817-1862

헨리 데이비드 소로의 묘비, 2021.
그가 그린 시의 장면대로 묘비 주변에 솔방울과 낙엽이 쌓여 있다.
그 사이로 블랙윙 연필이 꽂혀져 있다.

# I'm A Writer. But Then Nobody's Perfect.

Billy Wilder
1906-2002

나는 작가다.
그러나
완벽한 사람은 없다.

빌리 와일더, 영화감독, 극작가, 1906-2002

# He broke through the barriers of the heavens.

William Herschel
1738-1822

그는 천국의 장벽을 뚫고 나아갔다.

윌리엄 허셜, 천문학자, 1738-1822

# "A dying man can do nothing easy."

Benjamin Franklin
1706-1790

죽어가는 사람은 아무것도 쉽게 할 수가 없네.

벤자민 프랭클린, 정치인, 1706-1790

# IT IS MY AMBITION TO BE ABOLISHED AND VOIDED FROM HISTORY.

William Cuthbert Faulkner
1897-1962

나의 야심은 역사에 묻혀 없어진 한 사람의 개체로 남는 것이다.

윌리엄 포크너, 소설가, 1897-1962

# I hope for nothing.
# I fear nothing.
# I am free.

Nikos Kazantzakis
1883-1957

아무것도 바라지 않는다. 아무것도 두렵지 않다. 나는 자유롭다.

니코스 카잔차키스, 소설가, 시인, 1883-1957

"Music has been my doorway of perception and the house that I live in."

David Bowie
1947-2016

음악은 세계를 인식하는 문이자, 내가 사는 집이었다.

데이비드 보위, 가수, 1947-2016

# He took out his knife, Gram, and

Jorge Luis Borges
1899-1986

그는 자신의 칼, 그람을 꺼내 그 벌거벗은 쇠붙이를 둘 사이에 놓았다.

호르헤 루이스 보르헤스, 소설가 1899-1986

placed
the bare
metal
between
the
two.

호르헤 루이스 보르헤스의 묘비, 2019.
13세기 노르웨이 서사시에서 따온 구절의 비문은
기존 문학의 기조와 보르헤스 식의 글쓰기 사이 놓인 경계를 상징한다.

# Go Away -

# I'm Asleep.

Joan Hackett
1934-1983

저리 가게나 - 나는 잠들었도다.

조안 해킷, 배우, 1934-1983

"Now, now,
My good man,

This is no time

for making
enemies."

Voltaire
1694-1778

자네, 이제, 이제는, 더이상 적을 만들 시간이 없다네.

볼테르, 철학자, 1694-1778

"I have often

God and mankind

did know my essence

not reach the height

it should have."

Leonardo Da Vinci
1452-1519

나는 신과 인류를 불쾌하게 만들었다. 내 작품이 높은 수준까지 미치지 못했기 때문이다.

레오나르도 다빈치, 화가, 조각가, 1452-1519

# HE LIES HERE SOMEWHERE.

Werner Heisenberg
1901-1976

그가 여기 어딘가에 누워있다.

베르너 하이젠베르크, 물리학자, 1901-1976

# He was an average guy who could carry a tune.

Bing Crosby
1903-1977

그는 노래를 좀 할 줄 아는 보통 남자였다.

빙 크로스비, 가수, 1903-1977

# My heart is still,
# as time will tell.

Allen Ginsberg
1926-1997

시간이 지나면 알 수 있듯이, 내 마음은 이제 고요하다.

앨런 긴즈버그, 시인, 1926-1997

# UNTIL THE DAY BREAK, AND THE SHADOWS FLEE AWAY.

Sam Cooke
1931-1964

날이 새고 그림자가 사라지기까지.

샘 쿡, 가수, 1931-1964

# "I am not the least afraid to die."

Charles Robert Darwin
1809-1882

나는 죽는 것이 조금도 두렵지 않네.

찰스 로버트 다윈, 생물학자, 1809-1882

윌리엄 셰익스피어의 묘비, 2012.
그가 태어나 세례를 받은 성 트리니티 교회에 안치되었다.
그의 사인은 정확히 밝혀지지 않았는데 사람들이 그의 죽음을
궁금해할 것을 예견했는지 자신의 비문을 다음과 같이 써놓았다.

THE GRAVE
OF THE POET
WILLIAM
SHAKESPEARE
1564-1616

GOOD FREND FOR IESVS SAKE FORBEARE,
TO DIGG THE DVST ENCLOASED HEARE.
BLESE BE Y<sup>E</sup> MAN Y<sup>T</sup> SPARES THES STONES,
AND CVRST BE HE Y<sup>T</sup> MOVES MY BONES.

# GOOD
# FRIEND
# FOR JESUS'
# SAKE
# FORBEAR, TO DIG THE
# DUST ENCLOSED HERE.
# BLESSED BE THE MAN

William Shakespeare
1564-1616

# THAT
# SPARES
# THESE
# STONES,
# AND CURSED
# BE HE
# THAT MOUES
# MY
# BONES.

벗이여, 바라건대 여기 묻힌 것을 파헤치지 마라. 내 뼈를 움직이는 자에게는 저주가 있으리니.

윌리엄 셰익스피어, 극작가, 1564-1616

"

# love one another.

"

George Harrison
1943-2001

서로 사랑하기를.

조지 해리슨, 가수, 1943-2001

# Author of
# Fahrenheit
# 451

Ray Bradbury
1920-2012

화씨 451의 저자

레이 브래드버리, 소설가, 1920-2012

# "DON'T ASK ME HOW I AM! I UNDERSTAND NOTHING MORE."

Hans Christian Andersen
1805-1875

내가 어떤지 묻지마! 더 이상 난 아무것도 이해할 수 없어.

한스 크리스티안 안데르센, 동화 작가, 1805-1875

# Here lies One Whose Name was writ in Water.

John Keats
1795-1821

물로 자신의 이름을 쓴 자가 여기 누워있노라.

존 키츠, 시인, 1795-1821

This Grave
contains all that was Mortal,
of a
YOUNG ENGLISH POET,
Who,
on his Death Bed,
in the Bitterness of his Heart
at the Malicious Power of his Enemies,
Desired
these Words to be engraven on his Tomb Stone

Here lies One
Whose Name was writ in Water.
Feb 24th 1821

# "IT IS MOST

실로 아름다웠네.

# BEAUTIFUL."

Elizabeth Barrett Browning
1806-1861

엘리자베스 바렛 브라우닝, 시인, 1806-1861

# Lie heavy on him, earth! for he laid many heavy loads on thee.

John Vanbrugh
1664-1726

흙이여, 무겁게 그를 눌러라.
그것은 그가 생전에 그대에게 많은,
무거운 짐을 지게 하였기 때문이니라.

존 밴브루, 건축가, 1664-1726

# "Don't cry for me, for I go where music is born."

Johann Sebastian Bach
1685-1750

날 위해 울지 말게, 나는 음악이 태어난 곳으로 간다네.

요한 제바스티안 바흐, 작곡가, 1685-1750

"I hope the exit is joyful. And I hope never to return."

Frida Kahlo
1907-1954

이 외출이 행복하기를, 그리고 다시 돌아오지 않기를…

프리다 칼로, 화가, 1907-1954

# She did it the Hard Way.

Bette Davis
1908-1989

그는 힘겹게 해내었다.

베티 데이비스, 배우, 1908-1989

드미트리 쇼스타코비치의 묘비, 2012.
노보데비치 수도원에 내린 눈 위로 쇼스타코비치가
작곡 시 가장 즐겨 사용한 음악적 모티브가 새겨져 있다.

Dmitrii Shostakovich
1906-1975

**쇼스타코비치의 음악적 모티브 'DSCH'**

드미트리 쇼스타코비치, 작곡가, 1906-1975

*"Forgive me, sir."*

Marie Antoinette
1755-1793

절 용서하세요.

마리 앙투아네트, 왕비, 1755-1793

# "THIS DYING IS BORING."

Richard Feynman
1918-1988

죽음은 지루하군.

리처드 파인만, 물리학자, 1918-1988

# Tomorrow is the most important thing in life, comes into us at midnight very clean. It hopes we've learned something from yesterday.

John Wayne
1907-1979

내일은 인생에서 가장 중요한 것이며,
자정에 아주 깨끗하게 우리에게로 온다.
내일은 우리가 어제로부터 무언가 배웠기를 희망한다.

존 웨인, 배우, 1907-1979

# "A certain butterfly is already on the wing."

Vladimir Nabokov
1899-1977

어떤 나비는 이미 날개에 있어.

블라디미르 나보코프, 소설가, 1899-1977

"IT'S BETTER TO BURN OUT THAN TO FADE AWAY."

Kurt Cobain
1967-1994

서서히 희미해지는 것보다는 한순간에 타버리는 것이 낫다.

커트 코베인, 가수, 1967-1994

# "Where is

내 시계가 어딨지?

# my clock?"

Salvador Dali
1904-1989

살바도르 달리, 화가, 1904-1989

# "Just don't leave me alone."

John Belushi
1949-1982

그저 나를 홀로 두지마.

존 벨루시, 배우, 코미디언, 1949-1982

# "GOOD NIGHT, MY KITTEN."

Ernest Hemingway
1899-1961

잘자, 나의 작은 고양이, 나의 아내.

어니스트 헤밍웨이, 소설가, 1899-1961

# Rose, oh pure contradiction, delight, of being no one's sleep under so many lids.

Rainer Maria Rilke
1875-1926

장미여, 오 순수한 모순이여, 기쁨이여, 그 많은 눈꺼풀 아래에서 그 누구의 잠도 아닌 잠이여.

라이너 마리아 릴케, 시인, 1875-1926

# "Pity,

# pity,

# too late!"

Ludwig van Beethoven
1770-1827

아쉽네, 아쉬워. 너무 늦었네.

루트비히 판 베토벤, 작곡가, 1770-1827

빈 중앙묘지, 2013.
베토벤, 슈베르트, 브람스가 함께 묻혀 있다.

# "I WANT NOTHING BUT DEATH."

Jane Austen
1775-1817

나는 죽음 외에는 아무것도 원하지 않는다.

제인 오스틴, 소설가, 1775-1817

Sleep
after
toyle,
port after stormie seas,
E a s e a f t e r

Joseph Conrad
1857-1924

warre,
death
after life,
does
greatly
please.

"수고가 끝난 후의 수면,
폭풍우 치는 바다를 항해한 후의 항구,
전쟁이 끝난 후의 안락,
삶 다음의 죽음은 기쁨을 주는 것이다."

조지프 콘래드, 소설가, 1857-1924

IN MY BEC

INNING.

IS MY BEG

T.S.Elliot
1888-1965

나의 시작은 나의 끝이고, 나의 끝이 나의 시작이다.

NNING IS

MY END.

IN MY EN

T.S.엘리엇, 시인, 1888-1965

*Writing Note*

나의 시작은 나의 끝이고, 나의 끝이 나의 시작이다.

T.S.엘리엇(1888-1965)

뒤늦은 단상

그럼에도 불구하고
당신은 이 생에서 바라던 것을 얻었는가?
그렇다.
무엇을 바랐던가?
스스로 사랑받은 사람이라 칭하는 것,
이 세상에 태어나 내가 사랑받았다고 느끼는 것.

**레이먼드 카버(1938-1988)**

그러므로 우리는 물결을 거스르는 배처럼,
쉴 새 없이 과거 속으로 밀려나면서도 끝내 앞으로 나아가는 것이다.

스콧 피츠제럴드(1896-1940)

---

나는 내가 세상에 어떻게 보일지 모른다.
그러나 나 자신에 관해서 말하자면,
내 앞에 거대한 진실의 바다가 놓여 있는 동안
나는 해변에서 노는 아이와 같았고,
평범한 것보다 더 매끄러운 조약돌이나
더 예쁜 조개껍질을 찾기 위해 이따금 마음을 돌렸다.

**아이작 뉴턴(1643-1727)**

용기를 가져야 해, 언니, 용기를 가져!

앤 브론테(1820-1849)

위대해지려면, 온전해져라.
자신이 아닌 것으로 채우지 말고 부풀리지 말라.
가장 작다고 생각한 것에 너를 쏟아부어라.
그러면, 그 호수에서, 위로 피어오르는 달로부터
눈부신 빛이 나기 시작할 것이다.

**페르난두 페소아(1888-1935)**

이 외출이 행복하기를, 그리고 다시 돌아오지 않기를…

**프리다 칼로(1907-1954)**

시간이 지나면 알 수 있듯이, 내 마음은 이제 고요하다.

앨런 긴즈버그(1926-1997)

*Index*

# Index

# Index

# Index

# Index

# Index

| | | | |
|---|---|---|---|
| Jorge Luis Borges | 호르헤 루이스 보르헤스 | 1899-1986 | 현대 포스트모더니즘 문학에 큰 영향을 끼친 아르헨티나의 소설가이자 시인이다. 환상적 사실주의로 단편집 『픽션들』이 대표적이다. |
| Joseph Conrad | 조지프 콘래드 | 1857-1924 | 선원으로 바다를 누비다가 37세에 작가로서의 삶을 시작한 폴란드 출신의 소설가이다. |
| Karl Heinrich Marx | 칼 마르크스 | 1818-1883 | 근대 사회학의 뼈대를 세운 인물로 전 생애를 거쳐 『자본론』의 집필에 전념했다. |
| Kurt Cobain | 커트 코베인 | 1967-1994 | 1990년대 미국 얼터너티브 문화의 상징적인 밴드였던 너바나의 리더로 'X세대의 대변자'로도 불렸다. |
| Leo Tolstoy | 레프 톨스토이 | 1828-1910 | 사실주의 문학의 대가로 불리는 러시아의 작가 겸 사상가로, 대표작 『전쟁과 평화』, 『안나 카레니나』가 있다. |
| Leonardo Da Vinci | 레오나르도 다빈치 | 1452-1519 | 이탈리아 르네상스를 대표하는 화가이자 조각가로, <모나리자>를 그렸다. 사람의 몸을 기하학 관점으로 분석하는 고대 사상을 실험하기도 했다. |
| Loren Eiseley | 로렌 아이슬리 | 1907-1977 | 사막과 협곡, 산지를 누비며 생의 시간을 파헤친 인류학자이자 고고학자이다. 저서로 『광대한 여행』, 『그 모든 낯선 시간들』등이 있다. |
| Ludwig Boltzmann | 루트비히 볼츠만 | 1844-1906 | 통계역학과 통계열역학으로 유명한 오스트리아 출신의 물리학자이다. |
| Ludwig Van Beethoven | 루트비히 판 베토벤 | 1770-1827 | 고전주의와 낭만주의 전환기에 활동한 '음악의 성인'으로 불리우는 독일의 작곡가이다. 9개의 교향곡과 32개의 피아노 소나타를 남겼다. |
| Marie Antoinette | 마리 앙투아네트 | 1755-1793 | 프랑스의 국왕 루이 16세의 왕비이다. |
| Mel Blanc | 멜 블랭크 | 1908-1989 | 유명 애니메이션 <벅스버니>, <루니툰즈> 등에서 남성 캐릭터 목소리를 맡은 미국의 성우이다. |

K

L

M

# Index

# Index

| | | | |
|---|---|---|---|
| Ray Bradbury | 레이 브래드버리 | 1920-2012 | 미국의 SF소설가로, 디스토피아 소설 『화씨 451』로 가장 잘 알려져 있다. |
| Raymond Carver | 레이먼드 카버 | 1938-1988 | 사람들이 실제로 사용하는 일상어로 작품을 쓴 미국의 소설가이자 시인이다. 『대성당』이 대표작이다. |
| Richard Feynman | 리처드 파인만 | 1918-1988 | 양자역학과 입자물리학을 다룬 미국의 물리학자이다. |
| Robert Frost | 로버트 프로스트 | 1874-1963 | 주로 아름다운 자연을 소재로 삶의 상징적인 의미를 담은 작품을 쓴 미국의 시인이다. |
| **S** Salvador Dali | 살바도르 달리 | 1904-1989 | 프로이트의 정신분석학을 탐독하여 꿈과 정신의 세계를 표현한 스페인의 초현실주의 화가이다. |
| Sam Cooke | 샘 쿡 | 1931-1964 | '소울 음악의 왕'으로 불리는 미국의 가수이자 작곡가이다. |
| Sigmund Freud | 지그문트 프로이트 | 1856-1939 | 오스트리아의 심리학자이자 정신분석학의 창시자이다. 환자의 내면세계와 무의식을 탐구해 치료 방식을 창안한 것으로 알려져 있다. |
| Søren Aabye Kierkegaard | 쇠렌 키르케고르 | 1813-1855 | 실존주의 철학자의 선구자로 평가받는 덴마크의 철학자이다. 그의 이름은 덴마크어로 공동묘지를 뜻한다. |
| Sylvia Plath | 실비아 플라스 | 1932-1963 | 영국의 시인이자 작가이다. 남성 중심의 문화에 갇힌 여성으로서의 정체성의 상실, 자기 분열적인 분노를 표현했다. |
| **T** T.S.Elliot | T.S.엘리엇 | 1888-1965 | 영국의 시인으로, 프랑스 상징주의 시에 영향을 받아 현대 문명의 퇴폐성을 그렸다. |
| **V** Virginia Woolf | 버지니아 울프 | 1882-1941 | 영국의 소설가 겸 비평가로 20세기 영국 모더니즘과 페미니즘 사상에 큰 영향을 끼쳤다. 『댈러웨이 부인』, 『자기만의 방』등을 썼다. |
| Vladimir Nabokov | 블라디미르 나보코프 | 1899-1977 | 러시아에서 태어난 미국의 소설가이자 곤충학자이다. 주저로 『롤리타』가 있다. |

# Index

일러두기

1) 단행본은 『』, 음반과 공연작품은 《 》, 영화와 미술작품은 < >로 표기했다.

2) 외래어 표기는 국립국어연구원의 외래어표기법을 기본으로 하되, 통용되는 일부 표기는 허용했다.

『문장수집가』는 도시 콘텐츠 전략 미디어 그룹 어반북스의
콘텐츠 랩 '아틀리에 드 에디토 Atelier de Edito'에서 선보이는
단행본 시리즈입니다. 넘쳐나는 언어의 홍수 속에서
사유의 문장들을 그래픽 디자이너의 동시대적인 디자인
감각으로 선보입니다.
@atelier_de_edito

| 발행처 | 어반북스 | 문장수집가 No. 4 |
| 발행인 | 이윤만 | 2023년 2월22일 초판1쇄 인쇄 |
| 편집장 | 김태경 | 2023년 2월 28일 초판1쇄 발행 |
| 기획 | 아틀리에 드 에디토 | 가격 18,500원 |
| 책임편집 | 김예은 | |
| 디자인 | 김재하 | |
| 사진제공 | flicker | |
| 주소 | 경기도 하남시 | |
| | 미사대로 540 B동 328호 | |
| 홈페이지 | urbanbooks.co.kr | |
| 이메일 | info@urbanbooks.co.kr | |
| 연락처 | 070-8639-8004 | |
| ISBN | 979-1189096-36-6 | |